**Parus dans la même collection :**

TIBELLE ET LE LOUP
LE SECRET DE PAPY
CÉLIMÈNE ET LES CHATS
LE BALLON MAGIQUE
LOÏC, UN NOUVEAU PETIT DIABLE
GORILLO MÈNE L'ENQUÊTE
LE VILAIN PETIT DRAGON
LA SORCIÈRE ET LE MAGICIEN
LE LAPIN EN CHOCOLAT
LOLOTTE ET L'OURS MAGIQUE
TITOUNE ET LE PETIT CLOWN
FANFAN SUPER CHAT
LES DRÔLES D'IDÉES DE DOROTHÉE
AURÉLIEN ET LE SORCIER
LA GAVERNE MYSTÉRIEUSE
LE VOYAGE DE PERLIPOPETTE
GARE AUX PIRATES
ZIPP LE CHIEN EXTRATERRESTRE
LILOU ET L'OGRE DE LA FORÊT
LES LAPINOS EN MONTGOLFIÈRE
BALADIN, LE COCHON D'INDE
SOPHIE A DISPARU
LES LAPINOS À LAPINPINLAND
LE SORCIER DE LA PLANÈTE LUNARIOME
CIRKLAND
JÉRÉMIE ET LA MALLETTE ROUGE
LA MACHINE EXTRAORDINAIRE

Lecture Club Benjamin

# Jérémie et la mallette rouge

Histoire :
**Ann Rocard**

Images :
**Yves Lequesne**

Cerf-volant

# 1

# LE GRAND PALAIS DORÉ

Le prince Jérémie Fasoldo vivait dans un grand palais doré de l'autre côté de la Terre. C'était un petit garçon à la peau brune, aux cheveux bouclés et aux yeux verts.

Il portait un chapeau à plume blanche, des bottes étoilées et une

cape rouge avec un liseré d’or.
Dans le grand palais doré, Jérémie n'était pas seul ! Il y avait son père, le roi Fildefer, sa mère, la reine Joséphine, et ses quatre sœurs, de vraies coquines.
– Miaou ! Je dirais plutôt de vraies chipies, miaulait souvent le chat Kapuce.

Kapuce était un drôle de chat tricolore, un chat qui savait parler. Mais seul Jérémie le comprenait.
– Miaou ! Nom d'une souris ! disait le chat. Tes sœurs sont de vraies chipies et toi, tu te laisses faire...
– Je suis le seul garçon du château, soupirait Jérémie. C'est toujours moi qui suis puni.
Jérémie n'était certes pas un ange,

mais ses quatre sœurs non plus !
Angélique, l'aînée, commandait, dirigeait, donnait des ordres à longueur de journée :
– Les gardes doivent garder le palais au lieu de se reposer dans leurs hamacs... Et clic et clac ! Le jardinier doit jardiner au lieu de dormir sur le banc... Et pic et pan !
– Tu n'es ni la reine ni le roi, grognait Jérémie. De quoi te mêles-tu, princesse Diabolique de la Verrue ?
PIF ET PAF ! Angélique levait la main et celle-ci retombait sur la joue de son petit frère.

Virginie, la deuxième, voulait devenir actrice de théâtre. Souvent, elle se jetait par terre en criant :
– Aaaaaaaaaaaaaaah ! Jérémie m'a

poussée. Je souffre. Aaaaaaaaaah ! J'ai mal. C'est horrible ! Je suis presque morte et enterrée...

– Jérémie, qu'as-tu encore fait ? grondait le roi, en colère.

– Rien du tout ! protestait le prince. C'est du cinéma ! Elle fait semblant de souffrir. Je l'ai à peine touchée. Je l'ai juste pincée.

Mais PIF et PAF ! Le roi Fildefer levait la main et celle-ci retombait encore sur la joue de son fils... pendant que Virginie s'éloignait en boitillant.

Aurélie, la troisième sœur, chantait du matin au soir et du soir au matin :
– Un jour, mon prince viendra et il m'emportera...
– Oh, là, là ! Il t'emportera ? Bon débarras, ronchonnait Jérémie.
– Un jour, mon prince viendra et il m'emportera vers le pays des merveilles, sur un rayon de soleil...
– Tant mieux, car tu me casses les oreilles, disait Jérémie. Et fais attention de ne pas te brûler ! Tu pourrais choisir un autre moyen de transport...
– Maman ! hurlait Aurélie.

Jérémie n'arrête pas de se moquer de moi. Il m'empêche de chanter.
PIF et PAF ! La reine Joséphine levait la main et celle-ci retombait, pour la troisième fois sur la joue du petit garçon.

Kapuce hochait la tête.
– Nom d'un chat ! Tu as la joue couleur « lait-grenadine ». Dommage

qu'elle ne se boive pas ! Elle serait sans doute délicieuse.

Et Sophie, la quatrième sœur ? C'était la plus jeune de la famille royale. Elle était jolie comme un cœur et terriblement capricieuse. Dès le lever du jour, elle courait dans la chambre de son frère et elle le secouait comme un prunier :

– Debout, paresseux ! Viens jouer avec moi au jeu de l'oie ! Emmène-moi faire un tour de vélo dans le parc du château ! Apprends-moi à dessiner les perroquets à moteur et les pédalos rigolos...

– Flûte de Pan et pantazut ! Laisse-moi dormir, ronchonnait Jérémie Fasoldo. Il est six heures du matin.

– Papa ! Maman ! criait Sophie, en

larmes. Jérémie est méchant. Jérémie ne veut jamais jouer avec moi.
Le roi Fildefer et la reine Joséphine arrivaient en titubant. Ils se frottaient les yeux et bâillaient longuement. Allaient-ils lever la main sur le petit prince désespéré ?

# 2

## LES TROIS OMBRES

Non, pour une fois, le roi et la reine protestèrent d'une voix forte :
- Sophie, va au lit ! Demain, ton frère jouera avec toi pendant toute la journée. Pour l'instant, dormons, car nous devons nous lever à huit heures précises.

– Pourquoi ? s'étonna Sophie.
– Nous devons rendre visite à la duchesse Têtaclaque.
– Têtaclaque ? s'amusa la petite princesse. Elle doit ressembler à Jérémie. Hi, hi, hi...

Oui, Angélique, Virginie, Aurélie et Sophie étaient de vraies chipies ! Jérémie Fasoldo ne supportait plus ses quatre sœurs. C'est pourquoi il rêvait d'être fils unique... ou même orphelin, sans parents pour le gronder, pour lui dire ce qu'il devait faire.

Ce matin-là, le petit prince s'éveilla en souriant.
– Oh, oui ! Ce serait merveilleux !
– Miaou ! Qu'est-ce qui serait merveilleux ? demanda Kapuce.

– De vivre seul dans ce palais, répondit Jérémie.
– Et moi ? sursauta Kapuce. Est-ce que je compte pour du beurre ou de la margarine ?
Le petit prince caressa doucement son chat.
– Avec toi, bien sûr !
– Ah, j'aime mieux ça ! fit Kapuce en ronronnant.

Quel calme dans le grand palais doré ! Les gardes se reposaient sans doute dans leurs hamacs et le jardinier dormait sur un banc.
Le roi Fildefer, la reine Joséphine et leurs quatre filles étaient partis depuis longtemps chez la duchesse Têtaclaque. Jérémie n'était pas invité. Tant mieux, car il n'aimait pas

du tout cette duchesse ennuyeuse.
Il se leva, s'habilla et descendit à la cuisine du château pour prendre son petit déjeuner. Personne ! Annie la cuisinière et Pierrot le marmiton faisaient des courses au village.
– Merveilleux ! C'est merveilleux ! répéta Jérémie en sautant de joie. Nous sommes seuls dans le palais. Tu te rends compte, Kapuce ?
Le chat ne répondit pas. Il venait

d'entendre un bruit suspect : quelqu'un marchait dans le couloir et se dirigeait vers le grand escalier...

Kapuce dressa l'oreille et miaula :
– Bizarre... C'est peut-être Annie, la cuisinière, qui est de retour ?
– Sûrement pas, dit Jérémie. Elle viendrait directement à la cuisine. Allons voir !
Le bruit de pas se rapprochait. Jérémie Fasoldo et le chat Kapuce se glissèrent derrière un épais rideau rouge sans faire plus de bruit qu'une petite souris.
– Miaou... Quelle vie pour un chat ! souffla Kapuce en agitant ses moustaches.
Une ombre... deux ombres... trois ombres apparurent entre une armure

et une colonne de marbre.
La première avait une barbe rousse et un large chapeau noir, la deuxième était une femme au nez crochu et la troisième... aaaah ! catastrophe ! la troisième ombre velue était un gorille poilu !

Le prince Jérémie Fasoldo ne les connaissait pas. Qui étaient ce barbu, cette femme et ce gorille poilu ? Que venaient-ils faire dans le palais, en l'absence du roi Fildefer et de la reine Joséphine ?
– Je parie que les gardes et le jardinier ne les ont même pas vus passer, murmura le petit prince.

Les trois inconnus glissèrent dans le couloir et montèrent l'escalier à pas lents. De temps en temps, le grand barbu se retournait, sans doute pour vérifier si le château était toujours désert. Heureusement, il n'avait pas remarqué les deux espions, cachés derrière le rideau rouge.
Le chat Kapuce se mit à trembler et fit trois nœuds avec ses moustaches.

– Miaou ! Ils vont sûrement me voler ma pâtée de poisson aux bouts de gras de jambon...

– Ça m'étonnerait ! dit Jérémie. Suivons-les !

– Calamité ! Attention : danger ! dit Kapuce, terrifié.

# 3

# FORMULE MAGIQUE

Le prince Jérémie était prêt à bondir, mais son chat lui barra le passage et murmura :

– Miaou ! Stop ! Rends-toi invisible. Si ces trois affreux te voient, tu risques de finir dans mon assiette, transformé en purée ou en mini-boulettes.

Jérémie Fasoldo hocha la tête : Kapuce avait raison !
Bon, il fallait employer les grands moyens. Il devait prononcer la formule-qui-rend-invisible.
Mais attention, il y avait trois points très importants, trois points à ne jamais oublier !
Premièrement, se souvenir que la formule n'agit que pendant cinq minutes, et surtout ne pas avoir peur.
Pas de problème !
Deuxièmement, ne pas être en colère.
Pas de problème !
Troisièmement, dire la formule à toute vitesse et sans se tromper.

Jérémie respira profondément, ferma les yeux et prononça rapidement à voix basse :

– Mâchicoulis baragouigoui carabo et carabi !
... Et il disparut aussitôt.

Miaou ! Le chat Kapuce miaula de contentement, car il savait bien que son ami était là, à côté de lui, mais complètement in-vi-si-ble !
Hop, hop, hop ! Sans plus attendre, Jérémie s'élança à la poursuite des trois bandits.

Dans le long couloir bleu du premier étage, les trois inconnus marchaient et, à pas de loup, ils s'approchèrent du bureau du roi Fildefer...
La femme au nez crochu sortit de sa poche un passe-partout et l'enfonça dans la serrure. Crrr...
Peu après, la porte s'ouvrit et les trois

bandits pénétrèrent dans le bureau secret du roi.
L'homme au chapeau noir saisit une petite mallette rouge, posée sur une étagère, puis il fit signe aux deux autres de le suivre.

– Au voleur ! Au voleur ! hurla Jérémie, toujours invisible.

En entendant crier, la femme au nez crochu se retourna. Ne voyant personne, elle ouvrit la fenêtre du bureau... et les trois affreux glissèrent le long de la gouttière en ricanant.

Jérémie pourrait-il les rattraper ? Il voulut enjamber la fenêtre... Horreur ! Le grand barbu venait d'arracher la gouttière pour que personne ne poursuive les voleurs. Calamité ! Pas moyen de suivre le même chemin que les trois bandits...

Le jeune prince se précipita dans le couloir. Il glissa sur la rampe du grand escalier et il heurta au passage la vieille armure, qui s'écroula... Patatras !
– Miaou ! Ah, c'est malin, nom d'un

lapin ! miaula Kapuce. Ton père ne sera pas content quand il verra ça...
Jérémie ne s'arrêta même pas. Il fila jusqu'à l'entrée du palais.
Trop tard ! Les trois affreux venaient de disparaître dans un buisson éloigné et le petit prince serra les poings.

– Flûte de Pan et pantazut ! Ils s'échappent ! Ils sont trop loin pour que je les rattrape.

Au même instant, une grosse voiture rose franchit le portail du jardin : le roi Fildefer, sa femme Joséphine et leurs filles rentraient au palais.

Cinq minutes s'étaient écoulées : la formule magique n'agissait plus. Jérémie reprit sa forme normale et il courut au-devant de ses parents en bredouillant :

– Au secours ! Des cabrivoleurs ! Des cambrioleurs ont cambriolé ! Des voleurs ont volé ! Des cambrioleurs ont volé en cabriolant !

– Qu'est-ce qu'il raconte ? Jérémie se prend pour un cabri ? se moquèrent Angélique et Virginie.

– Un cabri dans un cabriolet violet !

ajoutèrent Aurélie et Sophie en éclatant de rire.

Le roi fronça les sourcils et ordonna à ses filles :
– Taisez-vous ! Laissez-le parler !
– Les caca... les cacabri... les cabri... les cabrivoleurs ! bafouilla Jérémie en gesticulant de plus belle.

Des cabrivoleurs ? Le roi soupira : de quoi son fils parlait-il ?

4

## PLUS DE MALLETTE !

Le roi Fildefer entraîna la famille royale vers la salle du trône. Kapuce les suivit discrètement, sur la pointe des pattes, et il ouvrit bien grandes ses oreilles de chat.

Le roi s'assit dans son fauteuil argenté et dit d'une voix grave :

– Maintenant, Jérémie, t'es-tu calmé ?
– Oui, Majesté papa.
– Et ne m'appelle pas comme ça !
– Oui, Majesté... Heu, oui, papa.

La reine Joséphine toussota et demanda :
– Hum... Jérémie, es-tu prêt à répondre à une question précise ?
– Oui, maman.
– Hum... Que signifie le mot « cabrivoleurs » ?

Alors, Jérémie raconta tout ce qui était arrivé : le bruit de pas, les trois ombres, la mallette rouge...
– La mallette rouge ? gronda le roi. Ma mallette rouge a disparu ?
– Oui, papa.
Les quatre princesses ne disaient pas

Mais, en attendant, il s'agissait de poursuivre les bandits au plus vite.

– Gardes ! cria le roi. Gardes, à la rescousse !

– Gardes, à la rescousse ! répéta la reine. Retrouvez tout de suite la précieuse mallette rouge ! Gardes ! L'avenir du royaume est en jeu.

Et tous deux sortirent de la salle du trône. Ils étaient très inquiets.

Les princesses se tournèrent vers leur

frère et applaudirent moqueusement.
– Bravo ! Vive le prince invisible ! Vive le prince incolore, inodore et sans saveur !
– Je t'ordonne de nous montrer ce prodige immédiatement, monsieur l'homme invisible ! dit Angélique.
– Aaaaaaaaaah ! grimaça Virginie. Je voudrais vraiment voir ça.
Et Aurélie se mit à chanter :
– Un jour, mon prince viendra. Un jour, il me dira : « Votre frère est invisible ? Je trouve cela risible » !
– Moi aussi, je veux devenir invisible, claire comme de l'eau de roche, dit Sophie en sautillant sur place. Apprends-moi ! Apprends-moi !

Pauvre petit prince ! Il se boucha les oreilles et gémit :

– Si vous compreniez le langage des chats, comme moi, Kapuce vous dirait la vérité, toute la vérité, rien que la vérité.

Où était le chat Kapuce ? Il s'était endormi sur un coussin moelleux. De toute façon, les princesses ne savaient pas distinguer un mia-aou d'un miaou-ou... Tant pis pour elles !

Jérémie, mécontent, grinça des dents : on le traitait de prince incolore, inodore et sans saveur ? Quelle insulte ! S'il s'évanouissait en un clin d'œil, ses quatre sœurs verraient bien qu'un vrai prince ne mentait jamais. Mais Jérémie savait que la formule-qui-rend-invisible ne marchait pas quand il était en colère. Encore une fois, tant pis ! Ses sœurs n'étaient que des chipies. Elles ne méritaient pas de connaître un pareil secret.

Furieux, Jérémie Fasoldo leur tourna le dos, serra les dents et murmura :
– Puisque personne ne me croit, je m'en vais... Je découvrirai ces trois bandits et je rapporterai la précieuse mallette, quelle que soit sa cachette !
– Adieu, prince courageux ! dirent

Aurélie et Sophie avec malice.
– Adieu, prince sans beurre et sans totoche, ajoutèrent Angélique et Virginie en grimaçant.
Jérémie Fasoldo secoua son chat.
– Debout, Kapuce ! Le temps presse. Les bandits sont déjà loin.

Le chat Kapuce grogna un peu, puis il se leva et suivit son maître qui sortait du palais doré.

5

# UNE PISTE

Où ces affreux étaient-ils partis ? Comment les retrouver ?

– Flaire, Kapuce ! Flaire ! ordonna le prince.

– Miaou ! Que dis-tu ? s'étonna le chat, fatigué.

– Flaire : cherche une piste avec ton

nez, expliqua Jérémie, énervé.
Vexé, Kapuce fit demi-tour. Flairer ? Pouah ! Triple pouah ! Il n'était pas un chien. S'il acceptait, on finirait par lui mettre une laisse par et lui demander d'aboyer !

Jérémie Fasoldo se mit alors à quatre pattes et il chercha des signes, des indices, de petites traces sur le sol. Un brin d'herbe coupé en deux... Aucun intérêt !
Une fourmi qui suivait une fourmi qui suivait une autre fourmi... Rien à voir avec la disparition de la précieuse mallette !
Un bouton rouge à pois bleus...
Il appartenait certainement à l'un des gardes du château.
Soudain, Jérémie Fasoldo bondit et

dansa, dansa, dansa de joie. Kapuce ne comprenait pas pourquoi et il s'inquiéta :
– Miaou-ouh, là, là ! Prince dingo, prince maboul, prince toc-toc ! Quelque chose ne va pas ?
– Au contraire ! s'écria Jérémie, ravi. Au contraire ! Ouvre tes yeux d'apprenti détective !

Que venait-il de découvrir ?
Jérémie montra la pelouse du doigt : des traces de pas, des traces de pattes zigzaguaient entre les fleurs.
– Serait-ce un indice ? demanda Kapuce en agitant ses moustaches.
– Plutôt deux fois qu'une ! dit le prince, qui entraîna aussitôt son chat sur la piste toute fraîche.
– Oh, prince dingo ! insista le chat.

Comment es-tu sûr qu'il s'agit bien des trois affreux ?

– Élémentaire, mon cher Kapuce ! fit le prince. Suivons le gros gorille poilu, car des traces de pattes velues, ça ne court pas les rues !

Jérémie Fasoldo et le chat Kapuce suivirent donc cette piste.

Transformé en détective, le prince avait l'impression d'être devenu quel-

qu'un de très important. Il remporterait la victoire, c'était évident ! Combattre un grand barbu, une femme au nez crochu et un gorille poilu ne lui faisait pas peur.
À son retour, ses quatre sœurs ne se moqueraient plus de lui, elles s'agenouilleraient dans la poussière en répétant :
– Jérémie est le meilleur détective du monde. Il est digne de devenir lenouveau roi. Hourra ! Hourra ! Hourra !

Et le petit prince cria de toutes ses forces :
– Hourra ! Vive moi !
– Nom d'une patte de canard boiteux ! sursauta Kapuce. Tu deviens fou, prince toc-toc ?
– Non, non, dit Jérémie. Je rêvais

simplement, tout en marchant.

– Au lieu de dormir debout, tu ferais mieux de regarder où tu mets les pieds, ronchonna le chat Kapuce.

– Tu as raison, approuva Jérémie Fasoldo. Hourra ! Vive toi ! Tu es le meilleur des chats.

Le prince et son chat tricolore marchèrent longtemps, longtemps. Le premier jour, ils longèrent de grands prés argentés. Au milieu d'un champ se trouvait un énorme taureau noir comme du charbon. Le chat Kapuce le montra du bout de la patte et demanda :

– Dis-moi, prince Jérémie, sais-tu pourquoi ce taureau n'a pas l'air content ?

– Ben, heu, non... hésita Jérémie Fasoldo.

– Miaou ! Parce que sa femme est vache ! s'exclama Kapuce en riant comme un fou.

Malheureusement, le taureau avait l'ouïe fine : il avait tout entendu ! Il n'avait pas le sens de l'humour et détestait les moqueries.

L'énorme bête furieuse souffla bruyamment et de la fumée grise

s'échappa de ses naseaux.
Le taureau gratta le sol en grondant... puis fonça tête baissée vers les deux voyageurs.

Plus d'espoir pour les détectives courageux ! Dans quelques secondes, leur voyage serait définitivement terminé !

# 6

## GARE AU TAUREAU !

L'énorme taureau n'était plus qu'à cinq mètres...
– Calamité ! hurla Jérémie. Il va nous embrocher !
– Nom d'une souris, gémit Kapuce. Je n'ai aucune envie de finir ma vie transformé en brochette de chat pour

taureau très très mécontent...
Le chat Kapuce s'enfuit à toutes pattes. Et Jérémie ? Il détacha sa cape rouge et or, et l'agita sur le côté en disant :

– Je suis un torero ! un torero ! Vois-tu rouge, monseigneur taureau ?

La bête furieuse se précipita sur la cape... Au dernier moment, le prince la souleva et le taureau passa juste en dessous.

Il courait si vite, si vite qu'il ne put s'arrêter pour faire demi-tour et qu'il disparut à l'horizon.

– Bon débarras ! soupira Jérémie, qui se tourna vers le chat Kapuce :

– Et toi, je ne te félicite pas. La prochaine fois que tu diras des bêtises, surtout n'oublie pas que les murs ont des oreilles !

Kapuce s'approcha de son maître et prit l'air « bête », ce qui était normal pour un chat.

– Miaou ? Les murs ont des oreilles ? Première nouvelle !

– Tu m'as très bien compris, ronchonna Jérémie. Avant de parler, regarde autour de toi et tourne sept fois ta langue dans ta bouche.

– Compris ! dit Kapuce. Langue de chat, langue de bois !

Le prince Jérémie Fasoldo et son chat tricolore se reposèrent un moment au bord d'une petite rivière. Ils mangèrent des mûres délicieuses, des mûres bien mûres... et burent de l'eau fraîche.

Puis ils poursuivirent leur voyage. Les traces de pas et de pattes les guidaient vers une montagne enneigée.

– Miaou ! Je n'en peux plus, miaula Kapuce quand ils arrivèrent au pied de la montagne.

– Cherchons une grotte, décida Jérémie. Nous y passerons la nuit.

Le soleil disparaissait lentement derrière les sapins.

Les deux voyageurs découvrirent une petite grotte où ils seraient à l'abri du froid et de la pluie. Épuisés, ils s'allongèrent l'un contre l'autre et s'endormirent.
Le lendemain matin, un oiseau siffla à la cime d'un arbre. Le chat Kapuce entrouvrit les yeux et s'étonna :
– Nom d'une souris qui ne rit pas ! Qu'est-ce que je fais là ?

Il se trouvait dans une grotte. À côté de lui, le petit prince dormait encore. Ah, oui ! Ils avaient quitté le palais du roi Fildefer pour retrouver la mallette rouge ! Lui et son maître avaient une mission à accomplir.
– Jérémie, réveille-toi ! ordonna le chat.
– Flûte de Pan et pantazut, grogna le

prince. Tais-toi, Sophie ! Laisse-moi tranquille !

Sophie ? Le chat mécontent agita la queue. Quoi ? Son petit maître le prenait pour une princesse chipie ?

– Miaou ! Jérémie, réveille-toi ! répéta-t-il. Il est temps de partir.

Jérémie Fasoldo se frotta les yeux et se leva.
– Bonjour, Kapuce !
– Bonjour, mon prince préféré ! dit le chat. Nom d'une tortue Lututu, je préférerais rentrer au château manger des mini-boulettes. Pas toi ?
– Des mini-boulettes ? Non, merci ! s'écria Jérémie en riant. Viens ! Nous trouverons des baies ou des fruits sur notre chemin.
– Des baies ? Pouah ! Des fruits ? Triple pouah ! Ce n'est pas une vie pour un chat !
Jérémie Fasoldo et le chat Kapuce sortirent de la grotte.
Au-dehors, le soleil brillait et les

oiseaux chantaient. Cela leur donna du courage et ils regagnèrent le sentier de la veille.

– Les traces de pas et de pattes se dirigent vers le sommet de la montagne, remarqua Jérémie.

– Allons-y ! dit le chat, qui bondit comme un cabri.

Ainsi, le deuxième jour, Kapuce et son petit maître franchirent sans difficulté une montagne escarpée.

# 7

# UNE ÉTRANGE FORÊT

Le troisième jour, le prince Jérémie et le chat Kapuce arrivèrent à la lisière d'une étrange forêt.
On n'entendait pas le moindre chant d'oiseau... Seul le vent sifflait entre les branches des grands arbres sombres.

Il avait dû pleuvoir la veille au soir. Les traces de pas et de pattes avaient disparu.
– Est-ce la bonne piste ? demanda le chat. Cet endroit ne me dit rien qui vaille... Aïe, aïe, aïe !

Un peu inquiet, Jérémie murmura :
– Je ne sais pas si nous sommes sur la bonne piste. Nous sommes peut-être complètement perdus.
– Miaou ! Perdus ? miaula Kapuce. Comme le Chat botté qui a failli se faire dévorer par un ogre ventru ?
– Tu mélanges tout, dit Jérémie en haussant les épaules. Tu n'es ni le Chat botté ni le Petit Poucet... Mais tu as raison : nous sommes dans une drôle de forêt... Il n'y a pas un chat !
– Si, moi ! protesta Kapuce, très en

colère. Monsieur le prince dingo, jusqu'à preuve du contraire, je ne suis ni un ver de terre ni un hélicoptère !
– Chut... interrompit le prince. Tu n'as pas entendu un bruit bizarre ?

Kapuce dressa l'oreille : oui, des cris résonnaient dans la forêt...
– AH ! OH ! AH !
Des cris étranges dans une étrange forêt : il y avait de quoi avoir la tremblote !

Jérémie et Kapuce marchèrent sans bruit en direction des cris.
– AH ! OH ! AH !
– Et si nous faisions demi-tour ? proposa le chat Kapuce. Ces cris me donnent des frissons, nom d'un caméléon...

– Chut ! ordonna le prince.

Jérémie Fasoldo fit quelques pas : non loin de là se dressait une cabane en bois.

Des cris, des coups résonnaient dans la forêt : AH ! OH ! AH ! BING ! et PAN !

Des gens se battaient sans doute dans cette cabane, car des objets jaillis-

saient par les deux fenêtres : fourchette, bol, tabouret, guitare, serpillière, aspirateur et masque de fer ! Et les cris reprirent de plus belle :
– AH ! OH ! AH ! Arrête tout de suite ou je te casse cette chaise métallique sur la tête !
– GRRRRR !
– Ça suffit !

Jérémie Fasoldo écouta, puis chuchota à l'oreille de son chat :
– On dirait un grognement de gorille... Ce sont sûrement les trois bandits.
– Miaou ? Les voleurs de mallette ?
– Exactement, dit le petit prince. J'ai une idée : je vais entrer dans cette cabane...
– Miaou ! Il est fou, fou ! miaula le

chat Kapuce, affolé. Le roi Fildefer et la reine Joséphine ont raison... Le prince dingo a une araignée dans le « ciboulot » !

– Pas du tout ! murmura Jérémie. Ces trois affreux vont vite comprendre à qui ils ont affaire. Je vais leur jouer un tour à ma façon. Mais auparavant je dois vérifier quelque chose...

Sur la pointe des pieds, le petit prince s'approcha de la fenêtre de la cabane et il jeta un coup d'œil rapide à l'intérieur.
C'étaient bien les trois voleurs : le grand barbu au chapeau noir, la femme au nez crochu et le gorille poilu ! Et sur la table se trouvait la précieuse mallette du roi Fildefer !

Jérémie recula et regarda son chat droit dans les yeux.
– Sais-tu ce que je vais faire ?
– Je le crains, nom d'un chien, gémit Kapuce. Mais j'espère vraiment que je me trompe.

Le prince Jérémie Fasoldo fit quelques mouvements de gymnastique pour se décontracter, pendant

que son chat, méfiant, l'observait du coin de l'œil.
– Miaou ! Tu n'as pas peur, prince de mon cœur ?
– Absolument pas, répondit Jérémie.
– Miaou ! Tu n'es pas en colère ?
– Absolument pas.
– Alors, je devine ce que tu vas faire, miaula Kapuce, terrifié, en se réfugiant au sommet d'un arbre, juste au-dessus de la cheminée de la cabane.

# 8

## MÂCHICOULIS BARAGOUIGOUI...

Le prince Jérémie Fasoldo ferma les yeux ; il prononça la formule secrète à toute vitesse et sans se tromper :
– Mâchicoulis baragouigoui carabo et carabi !
Et il disparut...
Jérémie, invisible, s'approcha de la

cabane et poussa la petite porte. Les cris cessèrent aussitôt et la femme au nez crochu bredouilla :

– Qui... qui... qui a ouvert la torpe... non, la porte ?

– Qui a ouvert la porte ? répéta l'homme au chapeau noir de sa grosse voix.

– GRRRRRRRRR ! rugit le gorille poilu en secouant ses pattes velues.

Toujours invisible, le petit prince entra dans la cabane, se glissa sous la table et renversa le fauteuil à bascule.

– Qui... qui... qui a renversé le taufeuil à cabule... non, le fauteuil à bascule ? s'écria la femme au nez crochu.

– Qui a renversé le fauteuil ? répéta l'homme au chapeau noir.

– GRRRRRRRR ! rugit le gorille poilu.

Alors, Jérémie Fasoldo répondit d'une toute petite voix :
– C'est moi, la souris Kiki. Je suis cachée par ici... Je suis cachée dans un trou !

Une souris ! Sapristi ! Les trois bandits allaient-ils croire cette drôle d'histoire ?
Sous la table, le petit prince invisible n'était pas très rassuré. Il était entré dans la cabane sans préparer son plan d'attaque. Il avait cru qu'il suffirait d'être invisible pour saisir la mallette et s'enfuir au nez et à la barbe des trois affreux.
Finalement, ce n'était pas si simple.

Son aventure risquait de tourner mal, surtout quand la formule magique n'agirait plus !

Et Jérémie Fasoldo pensa, mais un peu tard :

– Flûte de Pan et pantazut... J'aurais dû réfléchir avant d'agir.

Pendant ce temps, la femme au nez crochu écarquillait les yeux et bafouillait :

– Une sousou, une roussi... non, une souris ? J'ai horreur des soucis... non, des souris !
Et elle sauta sur un tabouret en tremblant de la tête aux pieds.

– Une souris ? ricana l'homme au chapeau noir et à la barbe rousse. Une souris ? Je n'en ferai qu'une bouchée ! J'adore croquer des souris crues à l'heure du petit déjeuner.
Et il se baissa, fesses en l'air et tête en bas pour chercher la petite bête.
– GRRRRRRR ! AH, AH, AH ! rugit le gorille poilu en riant aux éclats.

Sous la table, le petit prince invisible ne s'inquiétait plus. En voyant la femme au nez crochu, tremblante sur son tabouret, il s'amusait même

beaucoup, et il se préparait à envoyer rouler le grand bonhomme par terre, grâce à un terrible coup de pied au derrière.

Cinq minutes s'étaient déjà écoulées... et, tout à coup, Jérémie

Fasoldo reprit sa forme normale. Catastrophe ! Il était là, caché sous la table... L'homme au chapeau noir regardait de l'autre côté, mais, s'il se retournait, il découvrirait le prince et il l'assommerait ou bien il le tuerait...

Il n'en était pas question ! Le prince Jérémie devait redevenir invisible le plus vite possible pour pouvoir accomplir sa mission.
Il ferma donc les yeux et prononça la super-formule, en essayant de ne pas trop claquer des dents :
– Mâchicoulis baragouigoui carabo et carabi.

Mais rien ne se passa. Pour que la formule agisse, il ne fallait pas avoir peur, pas avoir peur, pas avoir peur !

– Flûte de Pan et pantazut... s'énerva Jérémie. J'ai une peur terrible, une peur bleue ! J'entends mon cœur qui bat mille fois plus vite que si j'étais tombé amoureux. Oh, là, là... Il faut que je me calme, sinon la formule ne marchera jamais, jamais, jamais...

Jérémie Fasoldo arriverait-il à dominer sa peur ? Pourrait-il se rendre de nouveau invisible ?

9

# UNE BOULE TRICOLORE

Impossible. Le prince Jérémie ne pouvait retrouver son calme.
Il tremblotait ; il claquait des dents... Ses doigts gigotaient dans tous les sens ; ses cheveux se dressaient sur le sommet de sa tête ; les poils de ses bras et de ses jambes se hérissaient

comme des piquants de hérisson.

À ce moment-là, la femme au nez crochu trépigna sur son tabouret.
– Une sousou, une roussi... non, une énorme souris-hérisson !
Là, sousou... sous la batle... Là, sous la table !

Il n'y avait plus une seconde à perdre. Jérémie Fasoldo bondit en direction de la porte, mais l'homme au chapeau noir lui barra le passage.
– Sens interdit ! On ne passe pas !
– GRRRRRR ! rugit le gorille poilu en montrant ses dents pointues.

Le prince Jérémie était perdu... Rien ne pourrait le sauver. Dans trois secondes, il serait mort... Il ne reverrait jamais ses parents ni ses quatre sœurs. Non, rien ne pourrait plus le sauver désormais.

Rien ? Mais si : une drôle de boule de poils tricolore qui tomba soudain dans la cheminée en poussant un miaulement terrible :

– MIAOU !

Épouvantée, la femme au nez crochu s'évanouit et roula sur le plancher en bredouillant :

– Qué... qué... qu'est-ce que c'est que c'est que c'est ? Le diable rocolé... le diable coloré ?

L'homme au chapeau noir et le gorille poilu se retournèrent.

– Qu'est-ce que c'est que c'est que c'est ?

– GRRRRRRRRR !

Vite ! Jérémie profita de la surprise générale pour saisir la mallette rouge, posée sur la table, et pour s'enfuir à toutes jambes loin de la cabane.

L'homme à la barbe rousse et le gorille le rattraperaient-ils ?

Le petit prince ne se posait même pas la question. Il avait tellement peur qu'il courait droit devant lui dans la forêt. Il courait en serrant la poignée de la précieuse mallette.
Il courait sous les grands arbres sans oser regarder derrière lui.
Tout à coup, il s'arrêta, honteux.
– Kapuce me sauve la vie et je m'enfuis sans m'occuper de lui ? Quelle honte ! Je suis un lâche, un triple lâche !

Le prince Jérémie cacha la mallette rouge dans un fourré, puis il respira profondément et cessa de trembler.
– Il ne faut pas avoir peur, pas avoir peur, pas avoir peur ! répéta-t-il pour se donner du courage. Si Kapuce n'était pas intervenu au bon moment,

je serais sûrement mort et presque enterré. Maintenant, je dois retourner là-bas pour l'aider.

Mais l'homme au chapeau noir et le gros singe ne se trouvaient plus dans la cabane.

Quand le chat Kapuce s'était laissé

tomber en poussant un miaulement terrible, les deux affreux s'étaient retournés... Le prince en avait profité pour s'enfuir. Cela n'avait duré que quelques secondes ! Ensuite, le grand barbu avait hurlé :

– Ce n'est qu'un matou !

– GRRR ?

– Oui, un horrible matou tricolore ! Rattrapons le gamin ! Il a pris la mallette rouge !

Ils s'étaient lancés à la poursuite de Jérémie, dans les sous-bois.

À présent, l'homme au chapeau noir et le gorille n'étaient plus qu'à quelques mètres du prince.

– Le gamin est là ! gronda l'homme à la barbe rousse.

– GRRRRRRR ! rugit le gorille poilu

en bondissant entre les buissons. Alors, Jérémie Fasoldo prononça calmement la super-formule sans se tromper :

– Mâchicoulis baragouigoui carabo et carabi !

... Et il disparut.

Enfin ! Le petit prince était de nouveau invisible.

10

# CROCHE-PATTE POUR GORILLE

L'homme au chapeau noir fronça les sourcils.

– Je rêve ou quoi ? Il est là ou il n'est pas là ?

– GRRRRRR...

– Je l'ai vu comme je te vois, dit le grand bonhomme, furieux. Où est passé ce gamin ? Je vais lui tordre le cou de mes propres mains !

Le gros singe noir grogna et s'avança à grands pas... Il reniflait par-ci, reniflait par-là, et semblait dire :
– Je le sens ! GRRR ! Il est là, j'en suis sûr... mais je ne le vois pas.

En effet, le prince Jérémie, toujours invisible, était là, tout près du gros singe trop curieux. Il tendit la jambe et lui fit un croche-patte, un croche-patte spécial gorille !

Le gros singe noir trébucha et tomba la tête la première dans la poussière, en rugissant de colère :
– GRRRRRRR !
Sa tête heurta une vieille souche. Il

grommela une dernière fois : GRRR... puis il ne bougea plus.

Jérémie Fasoldo se frotta les mains : ouf ! deux de moins !
Il restait encore l'homme au chapeau noir et à la barbe rousse... Le petit prince n'aurait peut-être pas le temps de s'en débarrasser avant de retrouver sa forme normale.

Le grand bonhomme était justement à côté de lui. Il se grattait le front en essayant de comprendre ce qui lui arrivait.
– Je n'y vois goutte... Montre-toi, monstre invisible ! Je ne te ferai aucun mal.
– Je ne te crois pas ! dit Jérémie.
– Si tu réponds correctement à une

seule question, j'abandonnerai la mallette du roi Fildefer et je retournerai dans mon pays, parole de bandit.

Le prince Jérémie n'avait pas à hésiter. L'effet de la formule magique était terminé et il réapparut à trois pas de l'homme, surpris.

– Quoi ! C'est toi, microbe, qui as osé

te moquer de moi, le plus terrible brigand de la Terre ?
– Eh oui, c'est moi ! Mais n'oublie pas ta promesse, bandit ! rappela Jérémie, inquiet.

L'homme au chapeau noir ricana... Ce gamin n'avait aucune chance de lui échapper, car personne n'avait jamais répondu à sa terrible devinette ! Dans peu de temps, il l'assommerait, le jetterait dans une rivière qui coulait non loin de là... et il récupérerait la mallette rouge, la précieuse mallette grâce à laquelle il deviendrait le nouveau roi du pays.

Depuis toujours, le bonhomme à la barbe rousse rêvait de gouverner un royaume. Il avait essayé de détrôner

le roi Artichaut, qui avait toujours mal au cœur... mais il avait échoué. Il avait voulu renverser le roi Pademémoire, mais on l'avait jeté

dans une oubliette où il avait passé dix longues années !
Enfin, il avait entendu parler de la précieuse mallette rouge grâce à laquelle il pourrait prendre la place du roi Fildefer... et ce n'était pas un misérable gamin qui l'en empêcherait. Parole de bandit de grand chemin !

– Quelle est donc votre question ? demanda Jérémie, qui commençait à trouver le temps long.
– Ne sois pas trop impatient, microbe ! grogna l'homme au chapeau noir. Tu es pressé de mourir ?
– Non, pressé de rentrer chez moi, répondit Jérémie. Ma famille doit s'inquiéter.
L'homme éclata d'un rire énorme :

– AH ! AH ! AH ! Ta famille ? Tu peux lui dire adieu, gamin ! Car tu ne retourneras certainement jamais au palais du roi, ton père !
– Rira bien qui rira le dernier, dit le petit prince, qui ne riait pas du tout mais faisait semblant de n'avoir peur de rien ni de personne.

L'homme au chapeau noir et à la barbe rousse toussota et dit d'une grosse voix :
– Ouvre tes oreilles, microbe ! Voilà ma question...

# 11

## COUCOU, KAPUCE !

– Oui... Voilà ma question, dit le grand bonhomme. Dis-moi quel est mon surnom et je partirai d'ici, sans mallette, comme je l'ai promis.

Jérémie Fasoldo serra les poings. Saurait-il répondre au terrible bandit ?

Non, certainement pas. Il n'avait qu'une chance sur des millions de donner la bonne réponse.
Le bonhomme s'appelait peut-être Hercule, car il était fort comme un Turc ? Ou bien Pierre, car il avait le cœur dur comme du roc ?

L'homme au chapeau noir tapa du pied et s'impatienta.
– Dépêche-toi, microbe ! Je suis extrêmement pressé.

Au même instant, une silhouette apparut au pied d'un sapin : c'était le chat Kapuce ! Quelle chance, il avait pu s'enfuir de la cabane !
Jérémie Fasoldo était si content de le revoir qu'il bredouilla :
– Ah, c'est... c'est toi, Kakapupuce !

« Kakapupuce » ? Le bandit sursauta, tremblota, bascula, gigota, bafouilla :
– Coco... comment coco... connais-tu mon surnom ? Seule ma vieille maman m'appelait Kakapupuce... Qui t'a soufflé mon surnom secret à l'oreille ? Un fantôme ? Un homme invisible, venu de l'enfer ?
Fou furieux, l'homme au chapeau noir arracha sa barbe rousse en poussant un rugissement de gorille : GRRRRRRRRRRRRRRR !
Puis il fit demi-tour et s'enfuit dans la forêt, comme il l'avait promis, en entraînant la femme au nez crochu... Et tous deux disparurent, bien décidés à ne jamais revenir rôder dans cette forêt.
Quant au gorille poilu, il s'était fait

une bosse si grosse qu'il en avait la tête toute déformée. Il avait oublié qui il était, d'où il venait et ce qu'il faisait. Alors, il partit, à cloche-patte, à la recherche d'un zoo quatre étoiles, un zoo qui l'accueillerait pour le restant de ses jours. Dans l'étrange forêt, il n'y avait plus un bruit. Même le vent ne soufflait plus...

Assis sur la mousse, Jérémie Fasoldo soupira en caressant son chat tricolore :
– Merci, Kapuce ! Tu es arrivé juste quand il le fallait.
– Miaou ! Je l'ai fait exprès, miaula le chat.
– Petit menteur ! dit Jérémie en souriant.
– C'est vrai, admit le chat Kapuce. Je ne l'ai pas fait exprès, mais cela t'a sauvé la vie.
Le prince observa longuement les grands arbres et les buissons.
– Drôle de forêt ! Je crois qu'il n'y a plus un chat...
– Si, moi ! protesta Kapuce avec un clin d'œil. Jusqu'à preuve du contraire...
– Je sais, je sais ! interrompit le petit prince. Tu n'es ni un ver de terre ni un hélicoptère !

– Exactement ! fit le chat, qui sauta dans les bras de Jérémie en ronronnant et en se frottant à lui.
Le prince et son chat avaient quitté le palais du roi Fildefer trois jours auparavant. Il était vraiment temps de rentrer !
Jérémie Fasoldo se leva et s'éloigna,

suivi de son chat Kapuce.
– Nom d'un zèbre rayé ! Prince dingo, tu n'as rien oublié ? s'étonna Kapuce.
– Je me souviens très bien du surnom rigolo de l'homme à la barbe rousse, dit Jérémie.
– Miaou ! Parfait ! miaula le chat. Et la mallette ?
– Flûte de Pan et pantazut ! s'écria le petit prince. J'allais retourner au palais de mon père en oubliant la mallette rouge. Décidément, Kapuce, je serais incapable de vivre sans toi.
– Encore heureux, nom d'un perroquet bleu !
Jérémie courut chercher la précieuse mallette, qu'il avait cachée dans un fourré. Puis les deux voyageurs rebroussèrent chemin.

De nouveau, ils traversèrent l'étrange forêt où les oiseaux ne sifflaient jamais. Le lendemain, ils franchirent la montagne escarpée et se reposèrent dans la petite grotte où ils avaient passé une nuit.
La fin de leur voyage approchait...

# 12

## CHOUETTE ! UN HIBOU !

Un jour plus tard, ils longèrent les grands prés argentés.
Le petit prince sifflotait. Demain, il serait de retour au château du roi Fildefer. Il y serait accueilli comme un super-héros. On lui remettrait une médaille, on lui offrirait des fleurs...

Les garçons le féliciteraient. Les filles les plus jolies l'embrasseraient sur la joue, peut-être même sur le nez et le menton...
– Miaou ! Attention au taureau ! hurla soudain Kapuce.

Quel taureau ? Jérémie Fasoldo se retourna et aperçut l'énorme bête noire qui roulait de gros yeux et traversait le pré en un éclair.
– Encore lui ! s'écria Jérémie.
– Cache la mallette, nom d'une balayette ! ordonna le chat Kapuce.
– Pourquoi ?
– La couleur rouge rend les taureaux furieux, c'est bien connu ! dit le chat, qui se réfugia au sommet d'un arbre fruitier.
Jérémie fit de même et il dissimula la

pourquoi ce hibou voit la vie en rose ?
– Chut ! s'énerva le prince. Arrête de poser des devinettes sans queue ni tête.
Mais le chat poursuivit en éclatant de rire :
– Ce hibou voit la vie en rose, car sa femme est chouette ! Ah, ah !
– Oh, non... soupira le petit prince. Ça ne va pas recommencer.

Hélas, si ! Le hibou avait tout entendu. Comme le taureau, l'oiseau de nuit détestait les moqueries.
En quelques coups d'aile, il survola le pommier, saisit la poignée de précieuse la mallette rouge du bout du bec... et il l'emporta vers le ciel.
– Flûte de Pan et pantazut ! s'exclama Jérémie, en colère. Tout ce voyage pour rien du tout. Nous n'arriverons jamais à rattraper ce hibou de malheur...
– Ne t'inquiète pas, dit le chat. Les hiboux sont moins dangereux que les trois affreux de l'étrange forêt.
– Ah oui ? gronda Jérémie. Moins dangereux, mais plus difficiles à attraper. Sais-tu voler, môssieu Kapuce ?
– Heu, non... répondit le chat. Mais il

n'est jamais trop tard pour apprendre. Le prince Jérémie regarda le ciel. Le hibou frôlait les nuages du bout des ailes. Il tenait toujours la poignée de la mallette dans son bec. Allait-il disparaître à l'horizon ? Non, il vola

vers un gros chêne tordu et se posa sur la branche la plus haute. Jérémie, Fasoldo était furieux.
– As-tu vu, Kapuce ? Tout ça à cause de ta devinette idiote. Qu'en penses-tu ? Réponds !

Le chat ne répondit pas. Il se sentait un peu honteux. Avant de parler de nouveau, il essayait de tourner sa langue sept fois dans sa bouche, mais il n'y arrivait pas.

Jérémie haussa les épaules et regretta de s'être mis en colère. Le chat Kapuce lui avait sauvé la vie. Il n'avait pas le droit de lui faire autant de reproches.
– Excuse-moi, Kapuce, dit-il. Tu as bien raison de vouloir t'amuser. Si

l'on ne riait jamais, la vie ne serait pas très gaie. Viens ! Rattrapons ce hibou coûte que coûte ! Et je parie que bientôt nous verrons la vie en rose jour et nuit !

# 13

## BOUT DE FICELLE !

Jérémie Fasoldo et son chat descendirent lentement du pommier et ils se dirigèrent vers le chêne tordu. Ils se déplaçaient sans bruit pour que le taureau ne les remarque pas. Arrivé au pied de l'arbre, le petit prince murmura :

– J'ai l'impression que le tronc est creux. Essayons de nous glisser à l'intérieur.

En effet, le tronc du chêne était creux. Il y avait un trou sur le côté, un trou assez large pour un chat, mais pas pour un enfant.

– Que faire ? soupira Jérémie.

– Je vais monter tout seul, décida Kapuce.

– Que feras-tu quand tu atteindras le sommet de l'arbre ? demanda le petit prince.

Le chat Kapuce réfléchit. Si le hibou le voyait, il s'envolerait en emportant la mallette. Si le hibou tenait la poignée dans son bec, ce serait impossible de s'en emparer.

– Miaou ! J'ai trouvé, nom d'un cacatoès emplumé ! miaula le chat. Je raconterai des histoires à dormir debout à ce drôle de hibou... et il s'endormira.
– Et si ça ne marche pas ? s'inquiéta Jérémie Fasoldo.
– Miaou ! Je trouverai une autre solution. Adieu, petit prince sans beurre et sans totoche, comme diraient tes sœurs.
– Par pitié ! Ne te moque pas de moi, gémit Jérémie. Et va vite récupérer la mallette avant que le hibou ne s'en aille.
– D'accord, prince de mon cœur. À tout à l'heure ! dit le chat en se glissant dans le tronc.

Jérémie Fasoldo s'assit au pied de

l'arbre. Il écoutait sans bouger et en respirant à peine.

Bzzz... Une abeille bourdonnait. Crrr... Un écureuil grignotait une noisette.

Mais pas le moindre ululement de hibou, pas le plus petit miaulement de chat !

Le prince écarquillait les yeux : si le hibou s'envolait, il le verrait certainement. Non, aucun oiseau de nuit aux environs ! Seuls deux papillons virevoltaient d'une branche à l'autre.

Soudain, un petit gland atterrit sur la tête de Jérémie, qui leva les yeux. Là-haut, Kapuce agitait les pattes. Il tenait la mallette rouge et la lâcha d'un coup.

Jérémie, Fasoldo tendit les bras et attrapa la mallette de son père avant qu'elle ne tombe par terre. Ouf ! Le hibou ne s'était rendu compte de rien... Sinon il aurait crié ou bien bougé.

Un léger craquement se fit entendre... et Kapuce sortit du tronc. Il secoua fièrement ses moustaches.

– Coucou, prince dingo ! Tu ne

félicites pas le chat le plus malin du monde ?

– Bravo ! murmura Jérémie, qui n'en revenait pas. Bravo ! Je me demande vraiment ce que tu as raconté à cet oiseau pour qu'il s'endorme profondément.

Le chat fit un clin d'œil coquin et répondit :
– Oh, simplement des histoires de « hibou de ficelle », « hiboulimique », « hiboule de Zan », « hibourricot », « hibouteille de coco »...
– Stop ! dit Jérémie en bâillant. Ça y est : j'ai compris !

Le chat Kapuce et son maître s'éloignèrent rapidement. Ils n'avaient aucune envie d'être rattrapés par un vieux hibou somnambule ou un énorme taureau.
Le prince Jérémie serrait la mallette rouge contre lui. Cette fois-ci, personne ne pourrait la lui dérober.

Les deux voyageurs étaient très fatigués. Ils avaient peu mangé depuis leur départ : des fruits, des baies, des racines et de minuscules poissons pêchés par Kapuce dans les rivières.

– Nom d'un puma ! J'espère que nous sommes sur la bonne route, miaula le chat.

– Oui, rassure-toi ! dit Jérémie. Encore une heure de marche et nous apercevrons les tours dorées du palais de mon père.

– Tant mieux, soupira Kapuce. J'ai les pattes en compote et l'estomac qui crie famine.

Le prince ne se trompait pas...

# 14

# À L'ÉCOUTE...

Une heure plus tard, Jérémie leva le bras et s'écria :
– Regarde les tours, là-bas à l'horizon !
– Miaou ! Ce n'est pas trop tôt.
Jérémie Fasoldo et le chat Kapuce traversèrent l'immense parc du palais.

– Chut ! dit soudain le prince. Tu n'as pas entendu un bruit bizarre ?

Des cris résonnaient dans le jardin : des OH ! et des AH ! comme dans la cabane de l'étrange forêt. Kapuce se mit en colère :
– Ah, non... Pitié, nom d'un scarabée ! Les trois affreux n'ont pas tenu leur promesse ?
– Erreur ! Ce sont mes sœurs, mes parents et les gardes ! répondit Jérémie. Je reconnais leurs voix.

Et le petit prince entraîna son chat dans le jardin.
– Viens, Kapuce ! Cachons-nous sous ce buisson et écoutons ce qu'ils racontent.
Aussitôt dit, aussitôt fait ! Jérémie

Fasoldo et son chat plongèrent dans un buisson... et ouvrirent grandes leurs oreilles.

Les quatre sœurs allaient et venaient dans le parc du château en criant à tue-tête :

– OH ! EHO ! Jérémie ! Où es-tu ?

– C'est terrible... disait Angélique. Je regrette tant de lui avoir donné des claques. S'il est mort, il doit me jeter des regards noirs du haut de son nuage. Oui, c'est terrible.

– Aaaaaaaaaaaaaaaaaaah ! gémissait Virginie. Mon cœur va exploser de douleur. Aaaaaaaaaaaaaaaaah ! Si Jérémie ne revient pas, je crois que j'en mourrai...

Et Aurélie chantait en sanglotant :

– AH ! AH ! Un jour, mon frère

viendra ; un jour, il me dira : « Tu es ma sœur préférée. Je ne veux plus te quitter ! »
– Non ! C'est moi, sa sœur préférée ! hurlait Sophie. C'est lui, mon frère chéri !

Le roi Fildefer, lui, s'arrachait les cheveux et répétait :

– Mon fils... Que t'est-il arrivé ? J'aurais dû te faire confiance...
– Moi aussi, pleurait la reine Joséphine. Toi, tu ne serais pas parti seul à la poursuite des voleurs.
– Nous l'aimions tant, ajoutait le roi en essuyant le torrent de larmes qui ruisselait sur ses joues.

Pendant ce temps, les gardes du château faisaient les cent pas en soupirant :
– AH... Nous avons fouillé le parc et le palais. Le petit prince s'est envolé, volatilisé. Snif... Notre petit prince adoré ! Snif... snif...

Seul le jardinier ne faisait presque pas de bruit. Il marmonnait simplement dans sa barbe :

– Il ne s'est pas envolé. Même en agitant les bras à toute vitesse, il ne pourrait pas s'élever à plus de trente centimètres du sol. Je suis sûr qu'il se trouve quelque part... Dans ce buisson, peut-être ?

Le jardinier se baissa, écarta les petites branches et regarda à l'intérieur du buisson. Ça alors ! Il aperçut Jérémie et son chat ! Jérémie qui murmurait, un doigt sur la bouche :

– Chut ! C'est un secret !

– Un secret, répéta le jardinier avec un large sourire.

Car il était ravi de revoir le petit prince en vie... et ravi d'être le premier au courant de cette bonne nouvelle : Jérémie était de retour et il tenait à la main la précieuse mallette du roi Fildefer !

Tout guilleret, le jardinier cueillit une fleur et la piqua dans sa barbe, puis il s'éloigna en sautillant et sifflotant :

– SSSS... Le soleil brille, brille, brille. SSSS... Il reviendra bientôt !

Les gardes le regardèrent passer et se

frappèrent la tempe du bout de l'index, l'air de dire :
– À force de planter des choux, son cerveau est plein de trous !

Les quatre princesses se mirent en colère :
– Ouh ! C'est honteux ! On n'a pas le droit de se réjouir, un jour comme aujourd'hui ! Monsieur le jardinier, il est interdit d'être heureux !

Quant au roi et à la reine, ils pleurèrent de plus belle.
Où était donc leur petit prince ?

# 15

# LA MALLETTE VOLANTE

Bien à l'abri dans le buisson, Jérémie Fasoldo était au comble du bonheur. On le regrettait ! On l'aimait ! On le chérissait ! On versait des larmes de crocodile à cause de lui !

– J'ai faim, nom d'un chien ! ronchonna le chat Kapuce. En plus, per-

sonne ne pleure ma disparition. J'ai envie de rentrer à la maison.
– D'accord, mais après une dernière farce, murmura Jérémie. Avant de sortir de ta cachette, attends que je te le dise.
– Et pourquoi donc, prince dingo ?
– Surprise ! fit Jérémie avec un clin d'œil.
Il respira profondément, prononça sa formule préférée sans se tromper :
– Mâchicoulis baragouigoui carabo et carabi !
... Et aussitôt il disparut.

Le petit prince invisible ramassa la mallette rouge et sortit du buisson en disant :
– Regarde bien, Kapuce ! Nous allons rire.

Toujours invisible, Jérémie traversa la grande pelouse en tenant la mallette à la main.
Tout à coup, Virginie hurla :
– Aaaaaaaaaaaaaah ! Une mallette volante !

Le roi Fildefer et la reine Joséphine, les quatre princesses et les gardes en restèrent bouche bée. Ils étaient tellement surpris qu'ils étaient incapables de faire le moindre geste. Une mallette survolait le jardin à basse altitude ! Pas n'importe quelle mallette ! La précieuse mallette rouge du roi Fildefer !
– Ma... ma... ma... bafouilla le roi en se grattant le menton.
– Serait-elle ma... ma... magique ? bredouillèrent les gardes, ahuris.

Pendant quatre minutes et cinquante secondes, la mallette se promena ainsi, au-dessus de la pelouse. Puis elle se glissa de nouveau dans un buisson...

Dix secondes plus tard, la formule-qui-rend-invisible n'agissant plus, Jérémie retrouva sa forme normale et il bondit hors de sa cachette. Il tenait toujours la mallette à la main.

Le chat Kapuce le suivit et il agita ses moustaches.
– Coucou, nous revoilà !
– Jérémie est revenu ! Jérémie est revenu ! crièrent les quatre filles du roi Fildefer.
– Miaou ? miaula le chat, vexé.
– Jérémie et Kapuce sont revenus ! Jérémie et Kapuce sont revenus ! répétèrent les quatre princesses.
Le roi et la reine tremblaient de joie : leur fils était bien là, devant eux, tenant la mallette rouge à la main.
– Où étais-tu, Jérémie ? Nous nous sommes fait beaucoup de souci...
– Oui, où étais-tu ? dit Sophie. On t'a cherché partout, même dans les trous de souris.
Le prince Jérémie fit de grands gestes et il expliqua :

– Les ca... les cabrivoleurs ! Les cambrioleurs qui ont cambriolé... Les voleurs qui ont volé... Les cambrioleurs qui ont volé en cabriolant : je les ai rattrapés et on ne les reverra plus jamais !

– Tant mieux, soupira la reine. Et cette mallette volante ? Qu'est-ce que c'était ?

– C'était un tour de ma... commença le petit prince.

– Un tour de ma... Un tour de mallette ? s'étonna le roi Fildefer.

– Un tour de ma... Un tour de manivelle ? ajoutèrent les gardes.

– Un tour de magie, tout simplement ! dit Jérémie.

Le roi Fildefer félicita son fils, puis il prit la précieuse mallette rouge et la ranga dans un coffre blindé.

La reine Joséphine embrassa son petit prince et les quatre sœurs l'applaudirent :

– Bravo, Jérémie ! Tu es le frère le plus super de la Terre ! Mais n'essaie plus de nous faire croire que tu peux devenir invisible ou que tu comprends le langage des chats... On ne te croira pas !

Le prince Jérémie Fasoldo haussa les épaules et s'éloigna avec Kapuce.

– Ma formule magique, je ne la leur dirai certainement pas. C'est notre secret à tous les deux, d'accord ?

– Miaou ! miaula le chat Kapuce. Ça va de soi !

Et il fit trois nœuds avec ses moustaches... en ronronnant à qui mieux mieux.

fin

# TABLE DES MATIÈRES



pour Aurélie et Sophie